AF509791

KERGALL

L'HÉRITAGE

DES

CHEMINS DE FER

ET LES

Mangeurs de Blé en Herbe

PRIX : 1 FRANC

PARIS

REVUE ÉCONOMIQUE ET FINANCIÈRE

30, Rue de Provence, 30

1900

L'HÉRITAGE DES CHEMINS DE FER

MANGEURS DE BLÉ EN HERBE

Dans la séance du 21 novembre, l'honorable M. Caillaux, ministre des finances, a trouvé, pour engager la Chambre à se montrer moins dépensière, un argument qui, pour n'être pas neuf, est, en revanche, tout à fait irrésistible.

Un député, se faisant l'organe de tous ceux qui raisonnent et prévoient — et il y en a même à la Chambre — venait de signaler le poids écrasant d'une dette publique, (30 milliards, sans compter la dette viagère), dont les arrérages restent toujours les mêmes, en dépit de conversions récentes, qui ont rogné le revenu du rentier de quelque cent millions et il avait conclu de là, à des économies permettant de réduire progressivement cet énorme fardeau.

Amortir, a répondu en substance M. le ministre des finances, à quoi bon se préoccuper du lendemain, puisque, dans cinquante ans, l'expiration des concessions des chemins de fer mettra aux mains de l'Etat un revenu annuel équivalant au service de la dette. Et le ministre des finances du cabinet Dupuy, M. Delombre, de renchérir le lendemain et de résumer ainsi, dans le *Temps*, la déclaration de M. Caillaux :

D'un autre côté, il n'est pas possible d'oublier que le réseau des chemins de fer reviendra, vers le milieu du siècle prochain, à l'Etat, et que, net de toutes charges, sa vaste dette éteinte, il apportera au budget une ressource *plus que suffisante* pour servir de contre-partie aux arrérages des rentes. *Voilà le plus sûr de tous nos fonds d'amortissement,* car il est, celui-là, en dehors du budget.

Entre toutes les manières de dire, aux dépensiers de la Chambre « ne vous gênez pas », celle-là n'est-elle pas encore la meilleure ? Et ne croit-on pas rêver quand on voit partir de pareilles prémisses pour conclure à la nécessité de faire des économies ? Qu'aurait donc bien pu dire M. le ministre des finances, s'il avait voulu conclure au gaspillage ?

M. le ministre des finances a commis ainsi une faute d'autant plus lourde que, cette déclaration, qu'il faudrait, fût-elle cent fois vraie, soigneusement taire devant un Parlement dépensier, il a eu d'autant plus tort, disons-nous, que cette déclaration est fortement sujette à caution. Aussi bien est-il temps d'en finir avec cette légende.

L'argument n'est pas tout à fait neuf, avons-nous dit. Il traîne en effet un peu partout et on le retrouve à peu près dans toutes les bouches, voire même dans celle de gens qui ne sont pourtant pas des sots, Jules Roche, par exemple, qui, dans une conférence publique, faisait état dernièrement des millions, ou du milliard de revenu annuel qu'apporterait à l'État la reprise des chemins de fer dans une cinquantaine d'années. Et c'est vraiment navrant, en même temps qu'humiliant pour l'amour-propre national, de voir avec quelle légèreté nos compatriotes sont enclins à prendre une formule pour argent comptant, pourvu qu'elle soit courante, et combien peu songent à lui demander ce qu'elle a dans le ventre. La facilité avec laquelle s'accréditent chez nous les âneries n'a d'égale que le mauvais vouloir qu'y rencontrent les idées justes. Aussi bien Boileau n'a-t-il jamais dit que s'étendît aux gens sensés la facilité avec laquelle les sots trouvent des admirateurs. Nous en avons déjà crevé quelques-unes, de ces bulles de savon chatoyantes et vides. Soufflons aussi sur celle-là, qui ne se borne pas, comme tant d'autres, à ménager une déception, chose négative, mais qui, patronée surtout par un ministre des finances, est de nature à causer des ravages positifs autrement graves.

⁎

Oui, il est parfaitement exact que dans cinquante ans, les chemins de fer reviendront à l'État, « nets de toutes charges » comme dit l'honorable M. Delombre. Oui, il est parfaitement exact que la recette nette annuelle de ces chemins de fer, sera, comme le dit encore M. Delombre, « plus que suffisante pour servir de contre partie aux arrérages de la Dette consolidée. » En 1950, le 3 0 0 amortissable étant amorti, le service de cette Dette ne demandera què quelque 700 millions et le produit net de nos chemins de fer, est, dès à présent, de 650 millions, nombre rond. C'est-à-dire qu'une progression moindre de un quart — 0 25 — pour cent suffirait pour établir la balance complète entre le service de la dette et cette ressource tombant du ciel. Or, la progression normale du trafic est telle, qu'il n'y a rien de déraisonnable à espérer qu'en 1950, le produit net de notre réseau dépassera de 100 à 200 et peut-être même 300 millions — le milliard tout rond — la somme nécessaire au service de la Dette consolidée.

Cela toutefois à une condition : *à la condition* tout simplement *que ce revenu soit bien dévolu au Trésor public.*

« Eh quoi ! vont s'écrier les naïfs : à la condition que ce revenu soit dévolu au Trésor ! Qu'est ce que vous nous chantez-là ? Et à qui donc pourrait-il aller, sinon à l'Etat devenu propriétaire indiscutable des chemins de fer ? Cette question ne se pose même pas. »

Cette question, vous ne vous l'êtes jamais posée, soit ; mais il ne résulte pas de là qu'elle ne se pose pas, il ne résulte surtout pas de là qu'elle ne doive pas être posée. Et la preuve la voici.

Le prix actuel d'un transport quelconque par chemin de fer, personnes ou choses, se décompose en deux portions, confondues pour le payeur, mais parfaitement distinctes quant à la destination. Il y a d'abord la portion remboursant au transporteur la dépense effectivement effectuée pour transporter. Il y a ensuite la portion correspondant au service du capital de l'entreprise, intérêt des obligations et dividende des actions. plus l'amortissement, c'est-à-dire le remboursement progressif de ces obligations et de ces actions, de telle sorte qu'on arrive en fin de concession à avoir éteint les unes et les autres. Dans la langue spéciale cette portion du prix de transport s'appelle le péage.

Il y a même un troisième facteur: l'impôt, mais que nous laisserons provisoirement de côté.

Or, le public sait-il selon quelle proportion ces deux facteurs, frais matériels de transport et péage, entrent dans la composition du prix qu'il paie ? En tout état de cause, voici cette proportion, qu'il n'est pas du tout indifférent de connaître :

En 1898, les recettes brutes de nos six grands ré-

seaux exploités par l'industrie privée, se sont éle-
vées à........................... 1.303 millions
les frais d'exploitation à........... 655   —
et le produit net ressort à......... 648 millions

représentant ainsi 50 0/0 environ de la recette totale.

C'est-à-dire que, sur un transport coûtant 100 fr.,
50 fr. seulement représentent le coût réel du transport, tandis que les 50 fr. restants servent à rémunérer et à amortir le capital. C'est-à-dire, encore, que
le jour où le public n'aurait à payer que le service
qu'on lui rend, un transport coûtant aujourd'hui
100 fr n'en coûterait plus que 50. Etant donné le
rôle important que joue le transport dans le prix de
tout ce qui ne vient pas au monde à la portée de la
main du consommateur, on voit tout de suite quelle
grosse économie il résulterait de là sur la plupart de
nos consommations. On voit, en même temps, quel
coup de fouet en recevrait le développement de notre
production et de notre commerce. Si cela pouvait se
produire demain ce serait toute une révolution bien-
faisante, remédiant à la crise que nous traversons,
élargissant les débouchés intérieurs de notre production et r'ouvrant devant elle les débouchés exté-
rieurs, où la concurrence étrangère nous distance
par le bon marché. Mais, à quelque heure qu'elle
survienne, cette faculté d'abaisser sensiblement nos
prix de vente, sera toujours un inappréciable bien-
fait.

*
* *

Croit on maintenant qu'en présence d'un bénéfice
aussi important et aussi général la question ne se
posera pas le jour venu, et cela avec d'autant plus de
certitude qu'il s'agira peut-être d'un milliard, croit-on
que la question ne se posera pas tout au moins entre
deux alternatives :

Le milliard des chemins de fer doit-il bénéficier au
Trésor, ou bien doit-il bénéficier au pays tout en-
tier?

Et que, si la question ne peut manquer de se po-
ser, de quel côté la balance a-t-elle le plus de chances de pencher?

La seconde alternative a tout d'abord pour elle
que, entre les mains du Trésor, qui le répartirait à
ses rentiers, le milliard des chemins de fer resterait
un milliard tout sec, tandis que, semé sur le terrain

de l'activité nationale, il ferait des petits, tout comme la terre laborieuse et féconde. Mais cette raison n'est ni la seule, ni la plus péremptoire. La répartition du milliard à tout le monde, et non pas seulement aux rentiers de l'Etat, aura pour elle, en outre, et le droit et la nécessité.

Elle aura le droit. Pourquoi, le « péage » perçu, en effet, par les Compagnies n'est-il pas disponible aujourd'hui ? Parce qu'il sert à amortir le capital de ces compagnies. Pourquoi le deviendra-t-il en 1950? Parce que ce capital aura été amorti, c'est-à-dire remboursé. Et par qui aura-t-il été remboursé? Par tout le monde, par le producteur ou le commerçant qui fait l'avance et par le consommateur qui, finalement, rembourse en payant plus cher.

C'est-à-dire que si, ce jour-là, l'on avait la prétention de continuer à nous faire supporter le péage. dont l'unique raison d'être est le service d'un capital qui serait alors amorti. on nous ferait payer une seconde fois ce que nous aurions déjà payé une première.

L'Etat serait d'autant moins fondé à refuser le bénéfice de cette réduction au public qu'il n'y aurait là qu'une application du principe adopté par lui. pour la gratuité des routes, d'abord et, ensuite, pour la gratuité des canaux, dont les frais d'entretien ne sont même pas réclamés à ceux qui s'en servent. L'application du même principe aux chemins qui marchent mais pas tout seuls comme le font les rivières, conduirait même à ne demander au public que les frais de matériel et traction, auquel cas ce ne serait plus de 50 0/0 que s'abaisseraient les tarifs, mais bien de quelque chose comme 75 0 0. Un transport de 100 fr. aujourd'hui n'en coûterait alors que 25.

La suppression du péage, avons-nous dit, aura pour elle la nécessité. En 1950, en effet, la plupart de nos rivaux auront déjà amorti leur outillage de transport et auront fait vraisemblablement bénéficier de cet amortissement leur industrie et leur commerce. D'où une cause d'infériorité pour les nôtres — et qui ne sera pas la seule — à laquelle il faudra remédier, d'urgence et de toute nécessité. Et en admettant même que nos gouvernants de 1950 trouvassent, eux aussi, que ce qui est bon à prendre est bon à garder, se figure-t-on que le suffrage universel, ayant pour lui le droit et l'intérêt. les laisserait faire ?

Ne sait-on pas, d'ailleurs. qu'il s'est déjà produit
en Allemagne, et cela à plusieurs reprises, des mani-
festations témoignant que nos voisins se préoccu-
pent déjà de l'infériorité que créera, pour leur industrie et leur commerce, l'abaissement des tarifs français à un moment donné. Plus avisés et plus prévo-
yants que nos ministres, les producteurs et commer-
çants allemands ont déjà invité leurs gouvernants
— l'Etat est propriétaire de la plupart des réseaux —
à se mettre en mesure dès à présent de nous imiter,
ou même de nous devancer. De même, en Belgique
et en Suisse, a-t-on pu voir, dans les discussions
commerciales, faire état de la réduction des prix
dont pourra se prévaloir un jour la concurrence
française, en raison de l'abaissement des frais de
transport.

*
* *

Et, maintenant, que reste-t-il de la superbe assu-
rance avec laquelle on vient nous affirmer que, dans
cinquante ans, le Trésor héritera d'un milliard de
revenu et que cette hoirie permet de dépenser et de
s'endetter sans se préoccuper du lendemain ? N'est-il
pas évident, d'abord, que la question de la dévolution
se posera et, ensuite, que l'alternative de la dévolution à tout le monde est celle qui, si elle n'a pas toutes
les chances, en compte du moins le plus grand nombre ? Encore avons-nous admis sans conteste, que
d'ici à cinquante ans, les choses ne se modifieront
pas et que le « train-train » de l'industrie des transports ne sera bouleversé par aucun inconnu, quelque
découverte, par exemple, qui oblige à une transformation d'outillage rendant nécessaire l'ouverture de
nouveaux comptes d'établissement demandant, ceux-
là, non plus des millions, mais des milliards. Encore
n'avons nous fait, en un mot, la part d'aucune des
éventualités que, dans l'état actuel du monde, un
demi-siècle peut nous réserver. Et c'est devant pareil
inconnu qu'il se trouve des augures qui, ne se con-
tentant pas de se prendre au sérieux, viennent nous
inciter à régler le présent d'après un si nuageux avenir ! Ne les imitons pas, en jurant à l'avance que
l'héritage des chemins de fer ira à ses héritiers natu-
rels, bien que ceux-ci le paient par avance depuis
déjà un demi siècle ; mais n'hésitons pas, chacun dans
la mesure de ses forces, à montrer au pays la fragilité

de leurs oracles et à le mettre en garde contre de décevants et périlleux mirages.

*
* *

Avant de se demander, d'ailleurs, à qui reviendra l'héritage de nos chemins de fer, une première question se pose : celle de savoir s'il y en aura un. Non pas que cet héritage ne soit réel. Nous avons établi nous-mêmes, avec chiffres à l'appui, qu'il n'y a rien de déraisonnable à compter sur le milliard tout rond. Mais cette réalité n'est ni absolue, ni immédiate. Le champ judicieusement emblavé et se couvrant d'une herbe drue, on a le droit de prévoir la moisson ; l'épanouissement de la floraison permet de compter sur le fruit ; mais, ni l'épi, ni le fruit ne sont encore mûrs, l'heure n'est pas encore venue de la moisson ou de la cueillette et, tant que cette heure n'aura pas sonné, moisson et cueillette restent à la merci de ces éventualités de la terre et du ciel, toujours suspendues sur la tête du rural, qui déjouent parfois le labeur le plus méthodique et les prévisions les mieux rationnelles.

Nous avons indiqué déjà quelques-unes des éventualités analogues que comporte la maturation de l'héritage des chemins de fer. Mais nous avons omis d'en citer une qui, pour ne point relever des forces aveugles de la nature, n'en est que plus redoutable. Car il est quelque chose de plus aveugle encore que les forces matérielles : c'est, bien que l'homme soit, par définition, un animal raisonnable, c'est la sottise et la malfaisance humaines. C'est ainsi que, en dehors des intempéries d'ordre naturel, la moisson reste soumise à une éventualité humaine, à l'éventualité d'être « mangée en herbe ».

Certes, les mangeurs de blé en herbe sont rares dans nos campagnes et il y a là, non pas une image correspondant à une réalité vécue, mais bien une simple hyperbole, destinée à figurer d'une façon plus saisissante l'imprévoyance et l'insanité poussées au comble.

Mais il n'est pas de comble inaccessible aux grands hommes qu'une sélection à rebours envoie nous représenter à la Chambre. Le lecteur sait que ces esprits inventifs ont déjà imaginé de tuer la poule aux œufs d'or par l'impôt progressif. Les voici aujourd'hui

partis en guerre pour manger en herbe l'héritage des
chemins de fer.

Le raisonnement est, d'ailleurs, d'une simplicité
digne de la conclusion. « Puisque le retour des chemins de fer à l'Etat doit procurer tant d'avantages,
pourquoi remettre au lendemain. Reprenons les chemins de fer tout de suite. » C'est comme si le paysan
se disait, le premier avril : « Puisque ce champ doit
me donner une belle moisson au mois d'août, je vais
y mettre la faucille tout de suite. »

*
* *

Pourquoi le paysan ne fait-il pas ce raisonnement
et comment les autres le peuvent-ils faire ? L'expli-
cation en est simple. C'est d'abord que le paysan a
les yeux du corps, qui lui montrent qu'il ne moisson-
nerait que de l'herbe, tandis qu'il manque au politicien l'œil de l'intelligence, le sens commun, nécessaire
pour voir que, lui non plus, l'héritage des chemins de
fer n'est pas mûr. Puis, il y a encore, et surtout peut-
être, que le paysan est un homme positif, tandis que
le politicien dont il s'agit est un mystique d'une espèce
particulière, un mystique sans la foi, dont l'âme
altière n'a rejeté la religion de Dieu que pour se réfu-
gier, tremblante et soumise, dans la religion de
l'Etat.

Pour ces gens-là, l'Etat n'est pas une simple
abstraction, synthétisant l'ensemble des citoyens, ne
vivant que par eux, n'ayant d'autres forces et d'autres ressources que celles que nous lui apportons
nous-mêmes. C'est un Dieu vivant, omniscient et
omnipotent et, surtout, tirant de sources mystérieuses
une inépuisable richesse, quelque chose dans le
genre de cette divinité indoue, dont les innombrables
mamelles de pierre n'étaient jamais taries. A cette Divinité fin de siècle, rien d'impossible. Elle plane au-
dessus des contingences humaines, elle est affranchie
des nécessités et des lois naturelles. Pourquoi ?
comment ? Mystère. *Credo quia absurdum.* C'est
plus qu'une foi chez ces incrédules, c'est du féti-
chisme.

En voulez-vous un exemple. Institution humaine,
la Banque de France, pour conserver à ses billets la
valeur de la monnaie métallique, est obligée de pro-
portionner sa circulation aux ressources réelles qui
en sont la contre-partie. Institution divine, la Ban-

que d'Etat, professait naguère M. Camille Pelletan, pourrait tirer de la planche à billets de quoi enrichir tous les français. Cette circulation illimitée n'aurait-elle pas une base mystique autrement large, le crédit de l'Etat! La loi humaine *ex nihilo nihil* ne s'applique pas au Dieu Etat.

De même vient - on nous dire aujourd'hui : que l'Etat reprenne les chemins de fer et, comme il n'a pas à compter, lui, avec le terre-à-terre des nécessités humaines, non seulement toutes les défectuosités de l'exploitation vont s'évanouir à la baguette, mais encore nous allons bénéficier dès à présent de tous les avantages, soit en revenu, soit en réduction de tarifs, que l'exploitation privée ne peut nous donner que dans cinquante ans. C'est exactement comme si l'on promettait au paysan que, pour métamorphoser l'herbe -d'avril en épis, il suffit de mettre la faucille aux mains d'un fonctionnaire.

Quittons les hauteurs de la métaphysique, où planent les Pelletan et les Bourrat, en compagnie des Cocula et des Pochon, et redescendons sur la terre. L'Etat n'est malheureusement pas une Providence distincte de nous. L'Etat, c'est nous. Il n'a d'argent que celui que nous lui donnons, ou qu'il prend dans nos poches et ses instruments d'action ne sont ni des anges, ni des archanges, mais des hommes de chair et d'os comme nous. Et, du moment que le rachat des chemins de fer par l'Etat ne rentre plus dans les opérations du ressort du Saint-Esprit, voyons comment s'effectuerait cette simple et vulgaire opération humaine.

*
* *

Comment l'héritage des Chemins de fer n'est-il pas mûr? En d'autres termes, pourquoi nous faut-il attendre jusqu'en 1950 cette réduction de moitié des tarifs, qui serait la si bien venue tout de suite pour la production et le commerce français? C'est, rappelons-le, parce que, en plus des frais courants, nos transports sont grevés du poids mort du capital de construction des lignes. C'est pour rémunérer et éteindre ce capital que le chemin de fer nous fait payer 100 francs un transport pour lequel il ne débourse, lui, que 50 francs. Aussi les hommes avisés qui ont présidé à l'organisation de notre réseau ferré ont-ils combiné leur affaire, dès le début, pour arriver à se débarrasser un jour de ce capital gros mangeur. Plus prévoyant que le système anglais, qui condamne le transport à rémunérer à perpétuité le capital d'établissement, le système français, qui ne comporte que des concessions temporaires, oblige nos Compagnies à éteindre leur capital dans un temps donné, de telle façon que le jour où les concessions feront retour à l'Etat, on puisse transporter à prix coûtant.

A cet effet, le concessionnaire a été autorisé à majorer ses tarifs dans la mesure nécessaire pour lui assurer, en plus du remboursement de ses frais, une somme annuelle fixe, l' « annuité » nécessaire pour rémunérer et éteindre le capital à une date déterminée. Mais il est clair que, sous peine de surcharger par trop le prix du transport, le temps est ici un collaborateur indispensable. On vient de voir que, même en répartissant l'opération sur tout un siècle, il ne faut pas moins pour cela d'une majoration égale au prix coûtant du transport.

La moitié de ce siècle indispensable étant écoulée, on va nous dire peut-être que la moitié de la besogne est aujourd'hui accomplie. Mais on nous dirait alors une sottise. Comme le formulait dernièrement très bien M. le ministre des Finances, parlant de l'amortissement du 3 0/0 amortissable : « le propre des amortissements qui se font par annuité, est d'impliquer au début une part très forte pour les intérêts, moins forte pour l'amortissement. Au fur et à mesure que l'opération se poursuit, la part de l'amortissement grandit, en même temps que celle des intérêts diminue ». Et il montrait, à l'appui, que dans l'annuité actuelle du 3 0/0 amortissable, la part de l'amortissement, « destinée à s'élever dans quelques années à 100, 120, 150 millions », n'est encore que de 70 millions, un verre d'eau en regard des 7 *milliards*, 7.000 millions, à éteindre ! De même, l'amortissement du capital de nos chemins de fer ne représente-t-il, dans l'annuité actuelle de 750 millions, qu'une somme de 100 millions environ, soit 13 0/0, et, sur les *vingt* milliards, nombre rond, de capital à éteindre, n'y a-t-il d'amorti, à l'heure qu'il est, que *deux* milliards. Ce n'est donc pas la *moitié* de la besogne qui est faite ; c'est seulement le *dixième*. C'est au demi-siècle restant à courir qu'il est réservé, non plus seulement d'écorner le capital d'établissement, mais d'en abattre des pans tout entiers, de plus en plus considérables à mesure qu'approchera la fin des concessions.

L'œuvre est donc bien commencée, mais pour la mener à terme, il faut la continuer, et du même pas, pour qu'elle aboutisse en 1950. Le champ a été judicieusement ensemencé. Le blé est d'une belle venue; mais il est encore vert et il faut avoir la patience d'attendre que — secondé ici par l'action humaine — le temps en achève l'épanouissement et la maturation.

*
* *

La substitution de l'Etat à l'industrie privée, la faucille aux mains du fonctionnaire, aurait-elle donc pour effet de nous mettre au-dessus de ces nécessités mathématiques ? En d'autres termes, l'Etat, prenant la place des Compagnies, se trouverait-il dispensé d'avoir a rémunérer et à éteindre le capital ? C'est M. le ministre des finances lui-même qui, dans la citation que nous faisions tout à l'heure, a, par avance, répondu aux croyants du miracle laïque que, pour éteindre le 3 0/0 amortissable, l'Etat lui-même est obligé de s'incliner devant la loi mathématique de l'amortissement. Cette vérité, fàcheuse mais souveraine, les promoteurs de la reprise des chemins de fer par l'Etat la reconnaissent d'ailleurs eux-mêmes, puisque le projet relatif à cette reprise, le projet Guillemet, devenu le projet Bourrat, est intitulé: *Rachat* des chemins de fer.

Achetant ou rachetant, l'Etat, tout comme un simple mortel, est donc tenu de payer. Cela est si vrai que le prix de ce rachat a été prévu et déterminé à l'avance par les conventions, qui règlent les rapports des compagnies et de l'Etat, et auxquelles M. Bourrat ne propose point de déroger. Sans entrer dans les détails, disons que ce prix consiste dans le paiement annuel à ces compagnies, et cela jusqu'en fin de concession, d'une somme consolidant la situation actuelle de celles-ci et leur permettant de faire face à tous leurs engagements, y compris l'extinction de leur capital d'établissement.

D'ou apparaît et s'impose une première conclusion : c'est que le rachat par l'Etat ne ferait pas disparaître cette annuité d'intérêt et d'amortissement, qui grève le prix du transport d'une redevance double du prix coûtant de ce transport. C'est à-dire que ne supprimant pas la cause de la surcharge, le rachat ne supprimerait pas davantage l'effet et que, de ce chef, il ne résulterait la faculté d'aucune réduction de tarifs.

Avec quel argent, en effet, l'Etat paierait-il aux compagnies l'annuité dont il s'agit? Puisqu'il ne possède pas le secret de la pierre philosophale et que, s'il a parfois quelque ressemblance avec le roi Midas, ce n'est pas par la faculté de transformer en or tout ce qu'il touche, l'Etat n'aurait que le choix de payer entre deux façons : ou bien avec les recettes des chemins de fer ; ou bien avec de l'argent nouveau, que l'impôt viendrait prendre dans nos poches. Il est clair que le second procédé lui permettrait de dégrever les tarifs de tout le poids de l'annuité ; mais cela à la condition de nous demander quelque 700 millions d'impôs nouveaux. *Sept cent millions d'impôts nouveaux* ! Que ceux qui meurent d'envie de payer à ce prix la rançon de ceux de leurs concitoyens qui font usage des chemins de fer veuillent bien lever la main ! Nous nous empressons de reconnaître que M. Bourrat lui-même a reculé devant cette extravagance et que ce qu'il nous propose, c'est de continuer à faire face à l'annuité par le trafic des chemins de fer, désormais exploités par l'Etat, autrement dit de continuer à faire payer cette annuité par une majoration des tarifs.

*
* *

« Mais, alors, on se moque de nous, quand on nous dit que le rachat des chemins de fer fournirait, *ipso facto*, le moyen d'abaisser les tarifs. » Mon Dieu, oui, on se moque de nous, tout simplement. Serait-ce donc la première fois que vous vous apercevriez que, s'il ne disait que la vérité, le politicien pas plus que le flatteur, n'arriverait à « vivre aux dépens de celui qui l'écoute ! » Peut-être l'impudence outrepasse-t-elle ici les limites ordinaires ; mais le mensonge lui-même ne sort pas de la bonne règle adoptée vis-à-vis du suffrage universel.

Avant de nous étonner, d'ailleurs, attendons la fin. Car nous ne sommes pas au bout et, au-dessus de l'impudence qui consiste à faire miroiter un avantage là où il n'y a rien, il en est une autre, bien supérieure, celle qui consiste à présenter un inconvénient comme un avantage, un mal comme un bien, un vice comme une vertu. Entre le premier cas et le second il y a toute la marge qui sépare le simple charlatan, qui administre la boulette de mie de pain en guise de remède, de l'empoisonneur qui présente la strychnine comme un tonique.

Le rachat, en effet, ne se bornerait pas à ne faire aucun bien ; il ferait du mal. Impuissant à nous donner dans le présent la suppression du *« péage »* qui double nos tarifs de transport, il aurait, en revanche, la puissance de rendre, selon toute prévision, cette suppression à tout jamais impossible, et cela par la vertu même de ce qu'on nous présente comme une panacée?

Entre le régime d'aujourd'hui et celui qu'on nous propose, toute la différence se réduit, en effet, à un simple changement de main et, pour être sincère, le *titre* même de la proposition de nos novateurs devrait être : Proposition tendant à confier l'exploitation des chemins de fer à l'Etat. L'exploitation par l'Etat et non plus par l'industrie privée, voilà le but. Le rachat n'est que le moyen pour y parvenir. Par lui-même, on vient de le voir, le rachat ne donne rien ; c'est l'exploitation par l'Etat, à laquelle il conduit, qui doit nous apporter tous les avantages possibles et « inimaginables »: réduction de tarifs, d'abord et, ensuite, réforme radicale de toutes les imperfections de l'exploitation privée. Et c'est ici que l'on prend sur le fait, la foi en l'omnipotence et l'omni-perfection de l'Etat.

Le public se plaint souvent de l'exploitation des Compagnies et il n'a pas toujours tort. La perfection n'est pas de ce monde. « Mais, vient-on nous dire : « remplacez l'exploitation privée par celle de l'Etat, frappez un coup de la baguette magique, et vous allez assister à une transformation à vue. Ayez la foi, qui transporte les montagnes et tout le reste vous sera donné par surcroît ».

Hélas ! le Dieu Etat n'a pas plus d'existence réelle que la belle dame couronnée d'épis qui décore la face de nos monnaies — ce qui, d'ailleurs, n'empêche pas les gens, les uns de l'encenser, les autres de la maudire, tant est humaine la tendance à prêter une vie réelle aux symboles. Derrière l'abstraction Etat, comme derrière l'abstraction République, il n'y a, malheureusement, que des hommes comme les autres, imparfaits et faillibles. Entre eux et le commun des contribuables, la seule différence, c'est que ces hommes sont investis d'une sorte de sacerdoce. Mais ce sacerdoce laïque comporte-t-il en lui une grâce spéciale suffisante à les affranchir des imperfections de l'humaine nature? Voyons un peu.

Sans nier l'action du sentiment du devoir, action suffisante et toute puissante même pour les natures d'élite, on peut bien dire que les ressorts efficients du commun des mortels sont plutôt l'intérêt et la responsabilité: l'intérêt qui pousse à bien faire, dans l'espoir de la récompense ; la responsabilité, qui détourne de mal faire, dans la crainte du châtiment. Nous ne contestons point que l'onction sacerdotale, qui transforme un simple citoyen en fonctionnaire, ne soit de nature à fortifier chez lui le sentiment du devoir, et cela parce que, ce devoir, elle le précise et que le plus difficile est, non pas de remplir son devoir, mais de le connaître. Mais cette onction tend elle à fortifier les deux autres mobiles de toute action humaine, les plus efficaces, hélas ! C'est malheureusement tout le contraire qui est la réalité. Au lieu de les renforcer, elle les affaiblit jusqu'à les supprimer.

Le fonctionnaire médiocre ne touche pas moins ses appointements que celui qui fait du zèle ; il n'en avance peut-être pas moins rapidement, au contraire, même, le zèle professionnel n'étant point en honneur dans une Administration où « un quart-d'heure de protection valait déjà mieux que dix ans de service », du temps où la politique ne faisait rien à l'affaire et dans laquelle les services électoraux ont aujourd'hui pris le pas sur les services professionnels. Quant à la responsabilité, est-il quelqu'un pour ignorer que, depuis l'article 75, que la République n'a eu garde d'abroger, le fonctionnaire français est irresponsable pour ainsi dire par définition ? Et, du haut au bas de l'échelle, l'irresponsabilité n'est-elle pas, de notoriété publique, le mal qui nous ronge ?

Que tous ceux qui ont eu affaire à l'Administration répondent. Quant à ceux qui auraient besoin qu'on leur montrât les résultats effectifs de l'absence du stimulant de l'intérêt et du frein de la responsabilité, il n'y aurait qu'à les renvoyer à l'un des plus farouches champions de l'exploitation par l'Etat, à M. Camille Pelletan lui-même, qui ne perd aucune occasion de dénoncer les vices de notre fonctionnariat. Dans un document qui est d'hier, dans le Rapport général du budget 1899, signé C. Pelletan, on n'a que l'embarras du choix. Voilà quant aux hommes. En ce qui touche le système, est-il besoin de rappeler ce que disait L. Say de cette énorme et encombrante machine administrative, qui ne rend qu'une fraction infinitésimale de la force initiale qui lui est communiquée, absorbée qu'est cette force par les frottements de mille rouages plus ou moins inutiles ?

*
* *

Cette évidence acquise, serrons la question d'un peu plus près qu'on ne le fait et voyons comment se réaliserait pratiquement l'exploitation des chemins de fer par l'Etat. On va peut-être nous accuser encore de démontrer l'évidence. Démontrer, non; mais montrer, oui, et cela parce que c'est malheureusement nécessaire. Le soleil, l'évidence physique, n'est pourtant vu, ni par ceux qui lui tournent le dos, ni par les yeux auxquels un écran le masque. Or, il n'est pire écran qu'une formule pour les gens, et c'est le grand nombre, qui ne prennent pas la peine de regarder quelle est la réalité pratique que cette formule symbolise ou synthétise. On vient de voir que, derrière la formule *rachat* des chemins de fer par l'Etat, il y a — il n'y a — que : *exploitation* des chemins de fer par l'Etat ; on a vu ensuite que derrière cette formule, plus précise pourtant, il y a : exploitation par des fonctionnaires. Il faut préciser encore et voir qui seraient ces fonctionnaires.

Dès qu'on pose la question, c'est l'évidence, en effet, qui répond que, ces fonctionnaires nouveaux, l'Etat ne saurait ni les créer, ni les improviser. Non pas que le nombre des fonctionnaires inutiles ou nuisibles ne fournisse ample matière au recrutement, mais parce que l'on ne devient pas employé de chemin de fer aussi facilement qu'on devient Ministre. L'exploitation des chemins de fer par l'Etat se traduirait, en fait, non pas par un changement de personnes — l'expression changement de main, dont nous nous servions tout à l'heure, n'a de réalité qu'en ce qui touche les Conseils d'administration — cette transformation se réduirait pour tout le reste à une simple formalité. Un acte administratif quelconque, une signature du ministre donnerait l'investiture officielle au personnel actuel. L'employé actuel serait baptisé fonctionnaire, tout comme le chapon de dom Gorenflot était baptisé carpe les jours d'abstinence. Un autre nom, les mêmes hommes. Avec cette différence pourtant, c'est que le baptême de dom Gorenflot ne changeait rien à la nature du chapon, tandis que le baptême civil de ces nouveaux fonctionnaires supprimerait pour eux l'intérêt et la responsabilité.

Ainsi, voilà des hommes dont le service laisse à désirer, et l'on a soin de nous dire que leurs imperfections tiennent à ce que l'organisation actuelle ne fait pas la part suffisante à leur intérêt et à leur responsabilité. Or, pour les améliorer, pour rendre leur service impeccable, que nous propose-t-on? On nous propose de leur enlever le stimulant de l'intérêt et de les affranchir du frein de la responsabilité. Depuis le commencement du monde, il est un procédé classique et traditionnel pour agir sur l'homme, c'est de l'intéresser à son labeur et de lui donner une responsabilité. C'est au procédé inverse qu'on nous propose d'avoir recours. En vérité, cela relève des petites maisons et, pour caractériser une insanité pareille, il faut avoir recours à une de ces images hyperboliques, dont la langue, à bout d'expressions, se sert pour figurer certains combles, dont la réalité n'a jamais fourni d'exemples. Pour caractériser celui-là, il faut aller jusqu'à l'image populaire de Gribouille se plongeant dans l'eau pour n'être pas mouillé par la pluie.

Si dévoyé que soit parfois le vieux bon sens gaulois, dans les temps de sophistique et de byzantinisme que nous traversons, il n'en est pourtant pas encore à admettre que le moyen d'amender un homme c'est de supprimer les mobiles qu'il a de bien faire et de ne pas mal faire et, pour peu que la question lui soit posée dans ses véritables termes, le premier élève venu de l'Ecole primaire répondra que la transformation de l'employé actuel de chemin de fer en fonctionnaire serait l'aggravation et la multiplication des défectuosités dont nous nous plaignons. Sans compter que tous ceux qui ont eu maille à partir avec l'administration actuelle des chemins de fer comprendront tout de suite que, s'ils ont eu quelque difficulté à se faire rendre justice, alors qu'ils avaient à leur disposition le recours devant les tribunaux ordinaires, ce serait bien une autre affaire, le jour où, en face du fonctionnaire irresponsable, il leur faudrait aller jusqu'au Conseil d'Etat.

*
* *

Mais ce n'est pas tout. L'exploitation par l'Etat n'aurait pas seulement supprimé la responsabilité

pour la personne ; elle la supprimerait encore cette
responsabilité pour l'Etat-Major lui-même.

Au premier rang des raisons, qui font que, malgré
toutes ses imperfections, l'exploitation de nos Compagnies françaises — tous les congrès des chemins de
fer l'ont reconnu — est une des meilleures, sinon la
meilleure du monde, il en est une, dont on ne parle
jamais et qui est considérable. C'est que, au lieu
d'être abandonnées à elles mêmes, nos Compagnies
sont étroitement soumises à la surveillance et au
contrôle de l'Etat. Or, autant l'Etat est impuissant à
faire lui-même œuvre industrielle et commerciale,
autant il est dans son rôle, autant est-il « à son
affaire », quand il s'agit de surveillance et de contrôle.
Ce sont même précisément ses défauts qui, dans cette
fonction, deviennent des qualités. Dans ce rôle, le
fonctionnaire, absolument dépaysé quand il s'agit de
faire de l'industrie ou du commerce, dans ce rôle de
contrôleur, disons-nous, le fonctionnaire devient
« *the right man in the right place* ». Pour quiconque
connaît les hommes, pour qui sait que le zèle du
meilleur des serviteurs n'a rien à perdre quand même
à l'intervention de l'œil du maître, il n'est pas niable
que l'exploitation des chemins de fer français doit
beaucoup à cette surveillance de l'Etat, qui tient les
compagnies en bride, et aussi en haleine, modère
les fantaisies et stimule les activités.

Le contrôle de l'Etat, on le voit, n'est pas autre
chose pour le grand état-major de nos compagnies
que l'organisation de la responsabilité. Responsables,
les « grands chefs » le sont aussi vis-à-vis des actionnaires, mais qu'est cette responsabilité qui ne s'exerce
qu'une fois l'an, devant une assemblée générale, laquelle n'a pour s'éclairer que des résultats généraux
commentés par un Rapport sommaire, en comparaison de cette responsabilité de tous les instants,
dont les multiples agents, les ingénieurs du contrôle
ont le droit de pénétrer dans les moindres détails ?

Eh bien ! cette responsabilité si bien organisée,
l'exploitation par l'Etat la supprime purement et
simplement. Et c'est simple comme bonjour. Quand
l'exploitant est un particulier, l'Etat est là qui le
contrôle ; mais quand c'est l'Etat qui exploite, qui
contrôlera l'exploitant ? *Qui custodiet custodes ?*
Qui contrôlera le contrôleur ? A moins qu'on n'ait la
prétention de fondre le contrôleur et le contrôlé dans
la même personne.

Avec l'exploitation par l'Etat, disparaissent donc *ipso facto*, non seulement les garanties qui résultent de la responsabilité du personnel, mais encore celles qui résultent de la responsabilité de l'Etat major. Et si l'exploitation contrôlée ne nous donne pas satisfaction tous les jours, « zuze un peu », dirait le Marseillais, de ce que nous donnerait l'Administration sans contrôle? Devant le saugrenu de cette conception, l'outrance de l'image populaire elle-même est obligée de s'avouer vaincue. La langue populaire avait bien trouvé « échanger son cheval borgne contre un aveugle »; mais elle n'avait pas osé aller jusqu'à « crever le bon œil d'un cheval borgne, afin qu'il voie plus clair ».

*
* *

Pour éclatantes qu'elles soient, ces vérités rudimentaires n'en ont pas moins été plus d'une fois méconnues, et ce n'est pas seulement à la raison, c'est aussi à l'expérience qu'ont peut demander ce que vaut l'exploitation par l'Etat.

Il y a dix ans que nos gouvernants ont eu la fantaisie de reprendre la fabrication des allumettes à l'industrie privée. Les frais de fabrication s'élevaient en 1890, à 3.594.000 fr. L'année suivante l'exploitation par l'Etat élevait ces frais à 6.625.000 fr., c'est-à-dire qu'elle les doublait presque. Ce doublement des dépenses n'a-t-il constitué qu'une entrée de jeu et la progression ne s'est-elle pas aggravée encore? Cela, nous le saurons vers 1910, et encore peut-être; car depuis 1891, l'Administration s'est montré incapable de dresser le bilan que la Compagnie des allumettes soumettait tous les ans à ses actionnaires, vis-à-vis desquels elle était responsable, elle. Ce doublement initial des frais de fabrication a-t-il du moins amélioré les produits? Tout le monde sait hélas! que s'il est encore quelque chose que l'Europe nous envie, ce n'est pas l'allumette de la Régie. Voilà ce que vaut l'Etat comme industriel.

Ce qu'il vaut comme exploitant de chemins de fer, l'administration du réseau de l'Etat va nous le dire.

Les compagnies françaises exploitent à un taux variant de compagnie à compagnie mais qui, dans l'ensemble, ne dépasse pas 50 0/0 de la recette, taux inférieur, ayons l'orgueil de le dire, au coefficient moyen des compagnies anglaises lequel est de 58 0/0, nombre rond. Le **réseau** voisin du réseau d'Etat, l'Orléans, exploite même à 44 3/4 0/0. Sait-on à quel taux exploite le réseau d'Etat? ce taux est de 70 15 0/0, on a bien lu : *soixante-dix* pour cent! Seuls les chemins de fer de l'Etat autrichien peuvent rivaliser avec les nôtres.

Mais, va-t-on objecter, et non sans raison, le réseau de l'Etat ne vaut pas le voisin. Soit, mais il est un procédé d'une rigueur presque absolue. C'est la comparaison entre lignes de même produit brut. Et si l'on applique ce procédé, on trouve que :

L'Orléans exploite à 97 0/0 ses lignes médiocres, celles dont la recette est inférieure à 5.000 fr. par kilomètre, tandis que l'Etat le fait à raison de 109 0/0 ;

Que, les lignes de produit variant de 5.000 à 10.000 sont exploitées par l'Orléans à 78 0/0 et, par l'Etat, à 83 0/0 ;

Que, de 10.000 à 15.000, l'Orléans exploite à 62 0/0, et l'Etat à 82 0/0.

De 15.000 à 20.000, Orléans, 49 0/0 ; Etat, 68 0/0 ;

De 20.000 à 30.000, Orléans, 53 ; Etat: 56 ;

Et, enfin, de 30.000 à 50.000 — ce chiffre est le plus caractéristique — Orléans : 37 0/0; Etat : 56 0/0, tout comme pour les lignes **au-dessous** de 30.000 **fr.** de produit brut, contrairement à la règle commerciale qui veut que les dépenses ne progressent jamais dans la même proportion que les recettes.

Ces chiffres ne sont pas ceux d'hier ; car, qu'il s'agisse d'allumettes ou de chemins de fer. l'Administration irresponsable ne prend pas la peine de dresser un bilan en temps normal. Toutefois, ils ne sont vieux que de trois ans et la palme reste aux fonctionnaires préposés à l'exploitation du monopole des allumettes.

Le public bénéficie-t-il du moins de cette prodigalité ? Il suffit de le demander au dernier commerçant venu de la région pour s'apercevoir que cette largesse n'est que du désordre et que les clients du réseau d'Etat ne sont pas mieux traités au point de vue des facilités que de la correction du service. Le fait, du reste, n'est pas spécial à l'exploitation de l'Etat français. Dans le pays de la houille, en Belgique, où l'Etat trouve d'ailleurs le moyen d'exploiter des lignes à rendement intensif à un taux supérieur de 10 0/0 à celui de nos compagnies, l'irresponsabilité administrative traite de turc à more le commerce et l'industrie. Et ce ne sont pas seulement les petites villes, qui sont maltraitées. C'est le grand entrepôt d'Anvers, qui, tout dernièrement protestait contre « le désarroi ruineux causé par la pénurie des wagons ». Et le reste est à l'avenant, et même au pire, l'incurie, par exemple, poussée jusqu'à oublier chaque année de prévoir la saison sucrière, et la perte régulière de trains entiers de sucre brut ayant stationné jusqu'à une semaine en plein air, sous l'insuffisante protection de simples bâches !

N'insistons pas. Il suffit, pour aujourd'hui, de retenir que, d'accord avec le raisonnement *a priori*, l'expérience établit que l'exploitation de l'Etat est notablement plus dispendieuse que celle de l'industrie privée. Ainsi donc, pas plus que le rachat, qui n'apporte rien par lui-même, l'exploitation de nos chemins de fer par l'Etat, ne peut donner les économies qui permettraient un abaissement des tarifs. Ce serait même tout le contraire. Qui dit aggravation de dépenses dit, en effet, amoindrissement du produit net et, non seulement l'Etat exploitant ne ferait aucun bénéfice, mais il n'arriverait même plus à faire produire aux chemins de fer la somme nécessaire à équilibrer l'annuité qu'il aurait à servir aux Compagnies rachetées et il se trouverait alors en face d'un déficit, qu'il lui faudrait combler, soit en relevant ces tarifs qu'il s'agit précisément de réduire, soit en le faisant porter sur le bon dos du budget, c'est-à-dire du contribuable.

*
* *

Mais si peu séduisant que soit déjà ce premier et inévitable résultat, ce ne serait rien encore auprès de celui-ci :

En dehors même de toute invention nouvelle imposant une transformation complète de l'outillage de nos voies ferrées, il n'est pas douteux que, d'ici à 1950, il reste à faire des dépenses considérables pour suivre le développement de la circulation. En ce moment même, un grand effort est fait sur toutes nos lignes, ayant pour objet des constructions ou parachèvements et l'augmentation du matériel. Le réseau de l'Etat lui-même n'a pu faire autrement que d'entrer dans le mouvement. Il est vrai — et cela est utile à noter en passant, à l'actif de l'exploitation par l'Etat — il est vrai, disons-nous, qu'il y est entré bon dernier et que ne s'étant aperçu qu'à la onzième heure, qu'il y aurait une Exposition universelle en 1900, laquelle amènerait peut-être à Paris quelques voyageurs de plus que d'habitude, il a trouvé la place prise chez tous nos constructeurs, et même chez tous les constructeurs d'Europe, et que c'est en Amérique (!) que le réseau de l'Etat français a dû commander le matériel dont il avait besoin et que, ce matériel, il a naturellement dû le payer plus cher.

Toutes ces dépenses, on le conçoit, ne sauraient être imputées au compte d'exploitation. C'est au compte d'établissement qu'il faut les porter et c'est à l'emprunt qu'il faut demander l'argent pour les faire. Etroitement liées par l'échéance de leurs concessions, nos compagnies sont bien obligées d'éteindre ces emprunts nouveaux d'ici à 1950. L'amortissement de ces emprunts en est naturellement plus lourd; mais, par contre, l'expérience acquise permet de construire moins cher, en même temps que, stimulée par l'ingénieuse nécessité, la progression de trafic augmente les recettes.

Mais que l'Etat prenne la place des compagnies, lui qui n'est bridé par aucune convention et vis-à-vis duquel il n'est point de sanction, se figure-t-on que la règle imposant l'amortissement à date fixe pourra être longtemps observée ? Peut-être encore cette règle pourrait-elle l'être, si le programme de dépenses pouvait rester maintenu dans les limites imposées aux Compagnies. Mais, pour espérer ce maintien, il faudrait avoir oublié l'histoire récente du plan Freycinet, ne comportant que 8.000 kilomètres, au début, et porté à près de 12.000 par la politique électorale, et qui ne s'en serait pas tenu là si un accès de sagesse, dont l'initiative revient à un brave homme profondément oublié, à M. Tirard, et l'exécution à un homme courageux — auquel on ne l'a pas encore pardonné — à M. Raynal, n'avait amené la substitution des compagnies à l'Etat. Mais le jour où l'on n'aurait plus ce dérivatif et où la construction du chemin de fer que rêve chaque chef-lieu de canton, ne dépendrait plus que d'un vote du Parlement, on verrait inévitablement, sous l'influence de la préoccupation électorale, nos députés faire leur cour à l'électeur aux dépens de l'Etat et il se produirait une ruée, auprès de laquelle celle d'il y a vingt ans n'aurait été qu'un jeu d'enfant.

Et, alors, les kilomètres s'ajoutant aux kilomètres, par centaines et par milliers, l'Etat, construisant d'ailleurs plus cher que l'industrie privée et, au lieu de bénéfices, n'ayant que des déficits à inscrire déjà au budget annuel, l'Etat, disons-nous, se trouverait amené — on pourrait tenir la gageure à mille contre un — à alléger le fardeau, soit en répartissant l'amortissement sur une plus longue durée, soit même en supprimant tout à fait un amortissement d'autant plus onéreux que se raccourcirait le délai d'amortissement, ou bien encore en l'ajournant jusqu'au jour où l'extinction du capital actuel apporterait des ressources nouvelles. Si bien que, au fur et à mesure que d'ici à 1950 s'amortirait la dette actuelle, on en verrait croître une autre et que, ce premier amortissement terminé, il faudrait employer à un second les sommes devenues ainsi disponibles, c'est-à-dire retarder d'autant les réductions de tarifs légitimement espérées pour 1950. Encore cette éventualité constitue-t-elle le moindre mal qui nous puisse advenir ; car, dans le cas de la suppression pure et simple de l'amortissement, ce serait à tout jamais que le contribuable aurait, par l'impôt, à subir la charge qui, avec l'amortissement, n'eût pesé que temporairement sur les épaules de la clientèle des chemins de fer.

* * *

Tel est le séduisant avenir que l'exploitation par l'Etat vient ouvrir devant nous, et le lecteur peut maintenant apprécier si l'expression « manger son blé en herbe » est, oui ou non, appropriée. On a pu voir, en outre, que derrière l'exploitation par l'Etat, il n'y a pas seulement l'évanouissement en fumée des réductions de tarifs dues au client du chemin de fer, mais que le contribuable y trouve aussi son compte par l'emprunt d'Etat à jet continu, et l'emprunt non plus payable et amortissable par les produits de notre réseau, mais bien l'emprunt à la charge de l'impôt. C'est tout juste le contrepied de la formule jadis chère à M. de Freycinet : « Ni emprunt, ni impôts »; c'est l'emprunt et l'impôt à la fois. Douce perspective, qui jure singulièrement avec les prévisions de M. le ministre des finances et de son prédéceseur, M. P. Delombre, lesquels font miroiter aux yeux des contribuables un allègement d'impôts pouvant s'élever jusqu'au milliard, de par l'héritage des chemins de fer.

Perspective, venons-nous de dire. C'est en effet le mot propre, quand il s'agit des résultats de l'exploitation par l'Etat. Mais il est un côté de l'opération qui ne se borne pas à nous promettre l'emprunt dans l'avenir, et qui nous l'assure tout de suite. Et, alors, ce n'est plus perspective qu'il faut dire, mais certitude immédiate.

Le rachat, avons-nous dit, n'apporte rien par lui-même. Cela ne veut pas dire que ce soit une opération purement négative. Le rachat ne donne rien ; en revanche, il prend. En résumant les conditions du rachat, nous n'avons parlé que de l'annuité à servir par l'Etat; nous avons laissé de côté, provisoirement, le remboursement en capital dont les conventions font une obligation. C'est en capital, en effet, que l'Etat doit rembourser aux Compagnies, et le matériel et les approvisionnements, et les travaux neufs exécutés depuis quinze ans. S'il ne s'agissait que de millions, ou même de dizaines de millions, le Trésor pourrait peut-être y faire face sans r'ouvrir le Grand-Livre. Mais c'est de millions par centaines et même par milliers qu'il s'agit.

MM. Guillemet et Bourrat ont essayé de faire ce compte pour les quatre compagnies qu'ils proposent de racheter comme entrée de jeu : Est, Ouest, Orléans et Midi et ils ont conclu, étant donné les garanties dues, que l'opération se solderait par une petite rentrée pour l'Etat. A quoi notre éminent collègue, et ami P. Leroy-Beaulieu a riposté, avec chiffres à l'appui, que tout au contraire l'Etat aurait à débourser de ce chef quelque sept ou huit cents millions. Si l'on ajoute à cela le milliard, nombre rond, (1.040 millions) qu'il faudrait payer au Nord et au P.-L.-M. pour matériel, outillage, et approvisionnements et près de 200 millions aux mêmes compagnies, pour remboursement des travaux complémentaires depuis quinze ans, on voit que, comme entrée de jeu, l'Etat aurait à faire un emprunt de deux milliards, et cela au moment où la Guerre et la Marine ont de gros besoins, pour lesquels, en dépit d'un communiqué récent, il n'est peut-être pas encore démontré que l'emprunt ne deviendra pas nécessaire.

*
* *

C'est complet et l'on croit rêver, n'est-il pas vrai, quand on analyse une conception de cette envergure et qu'on voit des êtres doués de raison, au moins par définition générique, s'atteler à une campagne qui, non contente de gâcher l'avenir, compromettrait le

présent de façon si grave. On avait vu des gens jeter
l'argent à pleines mains, en perspective de gains plus
ou moins incertains, mais après tout possibles ; ce
qu'on n'avait pas encore vu, c'était dépenser pour perdre. On avait pu voir semer à tors et à travers, sans
prendre suffisamment garde si tous les terrains ense-
mencés étaient de nature à produire ; mais on n'avait
jamais vu faire de grands frais pour étouffer la moisson naissante. Il est clair que « gouverner c'est prévoir » a peu de chances de devenir la devise de nos
gouvernants.

On aurait tort, toutefois, de compter sur le sens
commun tout seul pour faire justice des « mangeurs
de blé en herbe.» Les meilleurs yeux ne voient qu'à
la condition qu'il fasse jour ; le plus robuste bon
sens n'est efficace qu'à la condition d'être éclairé. Et
ce n'est pas précisément sous son vrai jour que
l'affaire est présentée, dans cette campagne entreprise
au Parlement et dans la presse en faveur du rachat,
campagne qui s'adresse du reste plus à la passion qu'à
la raison et qui n'a pas dit son dernier mot. Pour
aisée que puisse paraître la tâche qui consiste à
opposer les faits aux mots et les réalités aux fantas-
magories, cette tâche n'est donc pas superflue. Si,
d'ailleurs, l'exploitation par l'Etat n'a rien qui puisse
séduire le contribuable, pour le politicien, en revanche, elle possède le puissant attrait de nouvelles
places à donner à la clientèle électorale, et, aussi, de
places à prendre pour lui-même, dans les nouveaux
Conseils d'administration. C'est-à-dire que les inté-
ressés, les contribuables, et non pas seulement ceux qui font usage des chemins de fer, ont
affaire à forte partie et qu'ils feront bien de ne pas
s'endormir.

PARIS. — IMP. ALCAN-LÉVY, 24, RUE CHAUCHAT